NOTE D'UN PELERIN

SUR

QUELQUES ŒUVRES CATHOLIQUES

DE L'ORIENT

LUE A L'ASSEMBLÉE GÉNÉRALE

DE L'UNION CATHOLIQUE ET SOCIALE DE TOURAINE

EN JUILLET 1881

Monseigneur,
Messieurs,

Engagé par de bienveillants confrères à vous parler du voyage que je viens de faire trop rapidement en Orient, à l'occasion du pèlerinage que depuis longtemps je désirais accomplir en Terre-Sainte, je me bornerai à quelques détails sur les établissements charitables et d'éducation qu'il m'a été donné de visiter, particulièrement en Égypte, à Jérusalem, à Damas, à Smyrne, à Constantinople et à Athènes.

Je ne parlerai pas des conférences de Saint-Vincent-de-Paul; ce sujet allongerait beaucoup le récit. Il sera mieux à sa place dans l'assemblée générale des conférences du diocèse, qui aura lieu demain, à l'occasion de la célébration de la fête de leur patron.

J'ai commencé par l'Égypte, dont la visite était en dehors du programme du pèlerinage.

Tout d'abord, avec un pèlerin qui l'an dernier a accompli le même voyage, je vous dirai que : « Parmi les nations européennes exerçant quelque influence sur ces vieilles et célèbres contrées, il y en a une, en Syrie surtout, qui inspire des sentiments d'affection et de gratitude, et dont on ne prononce le nom qu'avec émotion; vous devinez tout de suite que c'est la France.

« Pourquoi faut-il que ce soit précisément celle-là dont les voyageurs sillonnent le moins ces beaux pays, qu'elle a toujours protégés et dont elle est si cordialement aimée? On se le demande avec regret, car ceux des Français que la foi n'y attire pas, devraient y être poussés par patriotisme. Qu'ils essaient une fois, et s'ils ne reviennent pas vivement impressionnés de ces lieux vénérables, où tout parle des bienfaits de la France, en même temps que tout y porte la trace de la charité infinie et des malédictions prophétiques de notre divin Rédempteur, c'est que leur âme n'éprouve plus d'attrait que pour l'argent et le bien-être, et qu'ils ne sont pas plus Français que chrétiens.

« Toute ma vie, ajoutait le même pèlerin, je garderai l'impression de ces paroles que j'ai entendues de la bouche d'un Syrien : « Vous autres Français, quand vous venez dans un pays, on sait que c'est pour faire du bien à ceux qui l'habitent, et c'est pourquoi on vous aime; tandis que telle autre nation que je pourrais nommer est connue pour ne penser qu'à elle et à la défense de ses intérêts. »

Cet amour de l'Orient pour la France, qui date des croisades, ce sont, Messieurs, nos diplomates et nos marins, ce sont nos caravanes de pèlerins, ce sont surtout nos missions et nos écoles qui en entretiennent le feu.

Je vous parlerai donc des religieux et des sœurs qui dirigent ces missions et ces écoles.

Dès notre première étape à Naples, nous eûmes le bonheur de retrouver la France et ses œuvres, sous les habits de la charité. Deux Petites Sœurs des pauvres, dont une Française, montèrent à bord quêter pour leurs pauvres vieillards. Elles sont à Naples depuis moins d'un an, et leur maison, encore peu connue, réunit déjà plus de soixante vieillards.

Trois jours après, à Alexandrie d'Égypte, nous rencontrions encore la France et la religion catholique se donnant la main pour secourir et éclairer le vieux monde. N'ayant qu'un jour à passer dans cette ville, il nous fallut laisser de côté bien des œuvres intéressantes. Accompagné d'un jeune médecin, mon compagnon de route, nous nous dirigeâmes tout naturellement vers l'hôpital français. Les bonnes sœurs de Saint-Vincent, qui s'y dévouent héroïquement, nous firent le meilleur accueil. La tenue de l'établissement est telle, que nous pouvions nous croire dans une grande ville de France. En les quittant, nous nous rendîmes chez les frères des Écoles chrétiennes, qui là, comme dans tout l'Orient, enseignent aux enfants, avec la lecture et l'écriture, la langue française. Grâce à ces bons religieux et aux nombreuses fondations des autres congrégations françaises, qui ont, pour ainsi dire, naturalisé notre idiome dans ces contrées, nous avons pu être facilement compris.

Les chers frères, tant à Alexandrie qu'à Ramleh, instruisent près de mille élèves. Ils ont de plus, dans cette dernière ville, un noviciat où trente jeunes Orientaux se préparent à coopérer à leur mission civilisatrice. Il nous fallut partir sans avoir visité le collège des lazaristes et les écoles des sœurs.

Non seulement en Égypte, mais encore en Palestine, en Syrie, à Smyrne, à Constantinople, il existe, à côté de nos institutions catholiques, de nombreux établissements d'éducation, collèges, pensionnats, écoles de toutes les nations et de tous les cultes ; tous largement rétribués par leur gouvernement ou par des comités de souscription et de propagande. Malgré cela, nos frères et nos sœurs voient leurs écoles plus que remplies ; le frère directeur d'Alexandrie disait que, l'an dernier, les classes étaient au complet le troisième jour après la rentrée.

En nous rendant d'Alexandrie au Caire, puis à Suez, j'eus occasion de causer avec un grand nombre d'employés des chemins de fer égyptiens : tous ou presque tous, même les facteurs et autres employés inférieurs, parlaient bien notre langue, et quand je leur demandais où ils avaient appris le français, ils me répondaient : « Chez les Frères. »

Pendant mon séjour au Caire, j'ai visité le collège des pères jésuites, ouvert depuis moins d'une année, et y ai rencontré un Père français, le Père de Villeneuve ; puis je me suis rendu chez les Frères, qui donnent l'instruction à plus de cinq cents élèves ; ils en auraient davantage si le local était plus vaste ; leur école gratuite, entre autres, qui contient plus de deux cents enfants, en aurait le double. Combien il leur est pénible de ne pouvoir accueillir tous les enfants qu'on leur amène, sachant qu'ils iront alors presque tous aux écoles hérétiques ou infidèles ! Je n'ai pu voir ni les écoles de nos sœurs, qui, elles aussi, réunissent plusieurs centaines d'élèves, ni l'hôpital français, où, comme à Alexandrie, les filles de Saint-Vincent-de-Paul exercent la charité chrétienne.

Je suis resté trop peu de temps à Zagazig, Suez, Ismaïla et Port-Saïd, pour en visiter les écoles et les communautés.

Ainsi, Messieurs, là comme partout et toujours, tant

que les tyrans politiques n'ont pas entravé son action publique, l'Église catholique, à la sueur de son front et à la fatigue de ses bras, travaille au développement de l'esprit, toujours accompagné de l'éducation du cœur et de l'âme, rendant le bien pour le mal, en versant des torrents de lumière sur ses ingrats calomniateurs.

Mais au moment de quitter l'Égypte, veuillez me permettre d'extraire du *Journal des Débats* un article vieux de deux ans (du 30 juin 1879), mais toujours plein d'actualité. Il résumera mieux que je ne saurais le faire les enseignements qui s'imposent en pénétrant dans ces contrées, qui parleront toujours de la vieille gloire française; et, après s'être étonné du journal dont la citation est extraite, on y verra sans doute un exemple de la puissance de la vérité sur les esprits prévenus, mais sincères.

« Nous avons d'abord établi, dit le narrateur, notre influence dans tout l'Orient par des écoles. Sous Mehemet-Ali, l'enseignement public n'était donné qu'en français. Ce qui assure notre influence dans tout l'Orient, c'est presque uniquement cet avantage de la langue que nous avons conservé jusqu'ici..... Presque tous les employés des administrations égyptiennes sortent de nos écoles de frères, et parlent le français avec une étonnante perfection. Ils n'ont pas même un léger accent; ils écrivent comme ils parlent. De là vient que la langue internationale officielle de l'Égypte est le français. Je ne connais pas un seul pacha qui parle anglais. Tous ceux qui ont reçu un peu de culture parlent français. Le khédive s'exprime correctement dans notre langue; ses fils le font encore mieux.

« Il faut se faire inscrire plusieurs années d'avance pour entrer dans les écoles des frères, et ils sont obligés de refuser tous les ans au moins trois cents élèves.

Voilà donc trois cents personnes qui pourraient apprendre le français, et qui ne l'apprennent pas, faute de quelques milliers de francs.

« En Orient, toutes les fondations durables doivent avoir un caractère religieux. On s'en est bien aperçu quand M. Duruy a essayé de créer un collège laïque en Turquie..... Il n'est pas rare de voir chez les frères des musulmans et des israélites étudier le catéchisme et obtenir les prix d'instruction religieuse !...... Des musulmans, des israélites, des grecs, des arméniens, des catholiques se rencontrent sur les mêmes bancs, font les mêmes devoirs, étudient les mêmes leçons, sans avoir jamais l'idée d'entrer en lutte à propos de leur culte respectif. Ces habitudes de tolérance et de condescendance mutuelles ne disparaissent pas au sortir de l'école, elles contribuent à la douceur générale des mœurs religieuses. « Les frères jouissent d'une véritable popularité, » dit un homme qui les critique pourtant avec beaucoup de vivacité, Dor-bey, secrétaire général du ministère de l'instruction publique. Rien de plus vrai. A quelque race, à quelque culte qu'ils appartiennent, il n'y a pas un de leurs anciens élèves qui ne leur ait gardé une vive reconnaissance.

« Si la France veut conserver son influence en Égypte, il faut que la concurrence des Anglais et des Allemands réveille pour ces écoles un zèle trop longtemps ralenti. De bien légers sacrifices suffiraient pour nous conserver la supériorité du langage que nous possédons sans contestation aujourd'hui. Mais, si on ne le fait pas tout de suite, il sera bientôt trop tard ; le français aura fait place à l'anglais, qui dominera dans la vallée du Nil, et nous ne pourrons plus même lutter avec l'allemand.

« Déjà l'Égypte se livre à l'étude de l'anglais, grâce aux nombreuses écoles dont les missions anglaises et surtout les missions américaines couvrent le pays. Ces dernières ont une admirable organisation. Les missions américaines sont d'une richesse inépuisable en maîtres et en argent. Lorsqu'elles veulent fonder une école, il leur suffit d'écrire en Amérique; aussitôt le prosélytisme américain se manifeste, et l'on voit arriver en Égypte les instituteurs et les sommes nécessaires; jamais on n'éprouve le plus léger refus. C'est, au contraire, par suite d'une déplorable insuffisance de ressources que nos écoles françaises sont entravées dans leur développement. Elles conservent encore la supériorité numérique; en se reportant à la statistique, on trouve 3,045 élèves qui apprennent chez elles le français. Ce chiffre pourrait être doublé si le gouvernement français venait en aide aux écoles. »

Après cette citation, dont l'importance excusera la longueur, veuillez, Messieurs, me permettre de rappeler que ces fondations catholiques et françaises ne sont presque uniquement soutenues que par les œuvres de la Propagation de la foi et des Écoles d'Orient. Dieu veuille que la haine satanique des ennemis du catholicisme ne parvienne pas à tarir en notre France la source de ces dévouements et à compromettre tant de glorieux travaux pour la civilisation chrétienne.

D'Egypte nous débarquâmes à Jaffa, qui était le lieu de rendez-vous assigné aux pèlerins. Nous étions trente-huit, dont trente-cinq Français; la caravane comprenait neuf ecclésiastiques, dont deux Canadiens, et dix dames, parmi lesquelles une Belge; j'ajouterai que trois d'entre nous venaient de Touraine.

Durant les trois mois que nous avons passés ensemble, sous un climat souvent plus chaud que le nôtre, par des routes toujours difficiles, campant sous la tente bien des nuits, soumis à diverses incommodités, la cordialité n'a cessé de régner entre nous tous; toujours on aurait pu nous appliquer le *quam bonum, quam jucundum habitare fratres in unum!*

A peine débarqués à Jaffa et pendant tout notre séjour en Terre-Sainte, nous recevons l'hospitalité des bons pères franciscains, la providence des pèlerins en Orient. Nous saluons avec bonheur cet ordre illustre qui se présente le premier au voyageur comme à l'historien. Dans ces saintes contrées, les révérends pères franciscains exercent le saint ministère, tiennent les écoles, restaurent et rachètent les sanctuaires, reçoivent les pèlerins, défendent pied à pied les intérêts et les âmes catholiques. Ce sont les franciscains et eux seuls qui ont gardé les saints lieux au prix de longues souffrances, du martyre bien souvent, pendant que les musulmans en rendaient le séjour si difficile que le reste des catholiques n'osaient y venir, encore moins y rester. C'est leur gloire d'être à ce prix depuis plus de six siècles les gardiens des lieux saints. Nous les retrouvons partout en Orient : à Jérusalem, à Bethléem, à Nazareth, à Tibériade, à Beyrouth, à Ramleh, même à Damas, où plusieurs d'entre eux subirent le martyre en 1860.

Non contents de donner l'hospitalité aux pèlerins, c'est l'un d'eux, le Père Liévin, qui, depuis plus de vingt ans, guide les caravanes. C'est lui qui cette fois encore nous a conduits, dirigés dans nos excursions ; grâce à son infatigable et intelligente charité, que de fausses démarches et de peines évitées, que de temps gagné et bien employé! Sa bonne humeur, son entrain nous faisaient supporter gaiement les fatigues inséparables d'un si long voyage.

Le lendemain soir de notre départ de Jaffa nous approchions de Jérusalem. Comment rendre les impressions de l'âme à la vue des remparts qui enserrent la

ville ! A peine avions-nous gravi les hauteurs qui la
dominent que nous tombâmes à genoux ; puis, après
quelques instants de recueillement, l'âme ravie, nous
chantâmes le *lætatus sum in his quæ dicta sunt mihi*,
pour remercier Dieu d'avoir atteint ce terme si désiré,
et c'est dans des transports de reconnaissance que nous
fîmes notre entrée dans la sainte cité.

Si pour atteindre ce but on a éprouvé quelques fatigues, couru quelques dangers, on éprouve une telle joie
que je ne puis que souhaiter à tous le bonheur d'accomplir le pèlerinage des lieux saints.

Notre première visite à Jérusalem a été pour l'église
du Saint-Sépulcre, et nous avons ensuite religieusement
visité les diverses stations conservées par la tradition.
Il serait trop long de parler ici de tous les lieux vénérables qui s'imposent à toute âme chrétienne.

Je passerai rapidement en revue les établissements
charitables et les écoles que j'ai visités à Jérusalem, et
en premier lieu l'école si habilement dirigée par le
bon frère Evagre. L'établissement des frères des Écoles
chrétiennes est un modèle d'installation, d'organisation et d'enseignement ; quoique fondé depuis bien peu
d'années, il compte déjà plus de trois cents élèves qui
parlent tous le français.

De l'école des frères à celle des dames de Saint-Joseph
il n'y a pas bien loin, l'une et l'autre se trouvent près
du couvent de *Casa-Nuova* que nous occupons : aussi
ai-je pu m'y rendre plusieurs fois ; les dames de Saint-
Joseph réunissent cent quatre-vingts jeunes filles.

Puis j'allai visiter l'établissement des religieuses de
Sion, fondé par le Père Ratisbonne. Elles ont plus de
deux cents enfants, tant dans leur maison de Jérusalem
que dans celle de Saint-Jean-du-Désert. En nous rendant à Saint-Jean, la caravane s'arrêta à la nouvelle

fondation du Père Ratisbonne, un orphelinat de garçons non encore achevé, et réunissant déjà un certain nombre de jeunes gens auxquels il apprend, avec notre langue, un métier au moyen duquel ils gagnent honorablement leur vie; il nous fit obligeamment visiter tout son établissement, très bien situé et distribué. Avant de quitter Jérusalem, je ne puis oublier la visite faite à l'asile si courageusement fondé par Mlle Colomb. C'est une bonne et humble fille, n'ayant rien de ce que le monde apprécie ou admire, mais riche de cette foi qui soulève les montagnes, et de cette charité confiante qui ne voit que le bien à faire sans tenir compte des obstacles qui peuvent l'entraver. Elle a quitté ses montagnes du Dauphiné pour faire le pèlerinage des lieux saints. Ayant remarqué une foule de petits enfants à peine vêtus, qui vagabondaient dans les rues de Jérusalem, elle les ramassa peu à peu, quelle que fût leur religion ou leur provenance, et les réunit dans un local loué, où elle leur apprend ce qu'elle sait elle-même, la prière, le catéchisme, la décence, un peu de chant, et le goût du travail; aujourd'hui son asile compte cinquante à soixante enfants, et cela sans ressource et sans influence. Comment a-t-elle pu arriver à un pareil résultat? Dieu le sait! Elle n'a que cette grande charité que le Père céleste bénit, et à qui les âmes compatissantes viennent toujours en aide.

Je n'oublierai pas non plus M. le comte de Tiélat, jeune homme plein de foi et de cœur, qui, voyant le déplorable état et la situation malsaine de l'hôpital français de Jérusalem, vient de consacrer plus de 200,000 fr. à construire dans le quartier le plus sain et le plus élevé de Jérusalem un magnifique hôpital; je profiterai de cette occasion pour dire aussi qu'un autre Lyonnais, M. Guimez, a bâti à Jaffa un non moins bel hôpital.

J'ai bien regretté que le peu de temps passé dans cette ville ne m'ait pas permis de le visiter.

Je quitte Jérusalem à regret, car je n'ai pas épuisé la liste des bonnes œuvres catholiques qu'elle renferme. Mais il nous reste bien du chemin à faire et je crains de fatiguer votre attention.

Avant d'abandonner la Judée, nous nous rendrons, si vous le voulez bien, à Bethléem, où nous trouverons encore les bonnes sœurs de Saint-Joseph, réunissant chez elles, comme à Jérusalem, les jeunes filles grecques, juives, musulmanes et catholiques ; puis l'école des pères franciscains et l'orphelinat du chanoine Belloni.

Ne pouvant m'étendre sur toutes ces œuvres, je demanderai la permission d'insister davantage sur la dernière, et de vous citer quelques lignes de Mgr Mislin sur cet établissement, qu'il vous fera connaître bien mieux que moi.

« Non loin du couvent des sœurs de Saint-Joseph, un autre établissement a été fondé, il y a peu d'années, par un prêtre du patriarcat : c'est l'orphelinat de la Sainte-Famille (orphelinat de Bethléem), pour les jeunes garçons. Deux maisons d'orphelines sont dues au zèle ardent des frères Ratisbonne ; mais il n'y avait dans toute la Palestine aucun asile pour les pauvres orphelins, qui y sont en grand nombre. Ils ont trouvé un père dans dom Belloni, qui leur a consacré son amour et son existence ; c'est là un capital que la Providence s'est chargée de faire fructifier.

« Il a commencé son œuvre avec moins que rien, avec des dettes ; recueillant les enfants qui se présentaient, il les abritait de son mieux, dans deux pauvres chambres qui composaient tout son établissement et qui ne lui appartenaient pas. Les secours vinrent peu à peu ; les orphelins catholiques, schismatiques, musulmans affluaient....

L'établissement put en recueillir une cinquantaine avec un nombre d'externes à peu près égal, non compris ceux de l'école d'agriculture dépendante de l'orphelinat ; mais il aurait fallu pouvoir les recevoir par centaines. »

Mgr Mislin écrivait en 1876 : « J'ajouterai que depuis l'œuvre a continué à grandir et à prospérer ; l'établissement réunit aujourd'hui soixante-dix pensionnaires, auxquels on enseigne le français, l'italien, l'arabe, et une profession ; une douzaine d'entre eux se destinent au sacerdoce ; l'externat compte cent cinquante enfants, et à quelques lieues de Bethléem, un domaine de neuf cents hectares, donné par un jeune Anglais, lord Bute (récemment converti au catholicisme), en partie cultivé, occupe déjà trente orphelins et pourra bientôt en recevoir une centaine. »

Ne pouvant vous demander de vous arrêter plus longtemps avec moi à Bethléem, je passerai tout de suite à Nazareth. Bethléem et Nazareth sont non seulement après Jérusalem les lieux qui intéressent le plus vivement les cœurs chrétiens, mais leur position, les campagnes qui les entourent en font deux des plus beaux sites de la Palestine. La situation de Nazareth est ravissante, surtout au printemps ; à l'époque de notre passage, tout était vert et fleuri autour de cette ville bénie.

A peine descendus chez les bons pères franciscains, notre première visite fut pour le beau sanctuaire bâti sur l'emplacement de la demeure du Sauveur. Puis nous nous rendîmes au couvent des saintes filles de Nazareth. Elles sont dix, dont quatre Françaises et six Maronites ; elles ont deux cents élèves externes de toutes religions, et vingt-cinq orphelines. Grâce à leurs anciennes élèves, il existe dans cette ville une confrérie des Mères chrétiennes qui compte deux cents mères de famille, et une congrégation des Enfants de Marie, réunissant cent cinquante jeunes filles. Les bons pères franciscains ont aussi une école de cent cinquante enfants.

De Nazareth j'allai au mont Carmel, en passant par Chefa-Amer, gros village de trois mille cinq cents âmes, où les dames de Nazareth possèdent une école de cent trente élèves grecques, maronites, druses et musulmanes, vivant toutes en très-bonne intelligence, comme il nous fut facile d'en juger en les voyant jouer ensemble. L'école des garçons est tenue par un prêtre grec-uni.

A Khaïpha, que nous ne fîmes que traverser, existe une école tenue par les RR. PP. carmes déchaussés, et un orphelinat avec école dirigés par les sœurs de Nazareth.

Il en fut de même pour l'école des pères franciscains de Saint-Jean-d'Acre ; et à Tyr le temps nous manqua également pour voir l'école des jeunes filles des sœurs indigènes et celle des pères franciscains.

Plus heureux à Sidon, nous nous rendîmes successivement chez les pères jésuites, dont l'école, fondée en 1855, compte une centaine d'élèves, chez les pères franciscains, qui en ont cinquante, et aussi chez les sœurs de l'Apparition de Saint-Joseph ; leur pensionnat et leur école réunissent deux cent vingt-cinq jeunes filles, dont vingt-cinq orphelines.

Mais le temps me presse et je crains de vous fatiguer en continuant à vous énumérer tous les établissements d'éducation que j'ai rencontrés et visités ; je passerai rapidement sur ceux de Beyrouth et des autres localités où je ne vous ai pas conduits encore.

Beyrouth est de tout l'Orient la ville la mieux pourvue d'établissements d'éducation ; là nos religieux et nos sœurs font des prodiges de charité et de dévouement, et Dieu permet que la semence qu'ils répandent à pleines mains produise une récolte abondante.

Le collège maronite de Mgr Debs, le collège patriarcal des grecs-unis, la splendide université de Saint-Joseph, dirigée par les pères de la compagnie de Jésus, le beau pensionnat des dames de Nazareth, voilà pour l'instruction supérieure, encore faut-il y ajouter dans les environs le beau collège des lazaristes d'Antoura.

La maison de Saint-Charles, avec ses trois cents orphelines, la création et la gloire de l'œuvre des Écoles d'Orient, qui va s'augmenter d'un orphelinat de garçons; la maison de la Miséricorde, que dirige depuis plus de trente années la bonne et vénérée sœur Gelas, avec les nombreuses succursales qui s'y rattachent; les écoles des sœurs de Saint-Joseph; celles des Maronites de Mgr Debs; voilà pour l'instruction et le salut des masses.

De Beyrouth je fus à Damas, et là encore je retrouvai nos œuvres en pleine activité. Arrivé tard le soir, je fus tout étonné de trouver à mon réveil, le lendemain matin, le président du conseil particulier des conférences de cette ville, qui, ayant appris l'arrivée de quelques membres de la caravane française, venait se mettre à notre disposition pour nous guider et nous faire visiter la ville pendant le temps que nous y passerions. Il y mit tant d'insistance que nous avons accepté, et, grâce à son obligeance, nous vîmes bien et vite cette ville si intéressante pour les étrangers. Il nous engagea à nous rendre à la séance d'une de nos conférences; nous étions cinq membres des conférences de France, et après la réunion, il nous retint chez lui à passer le reste de la soirée. Sa famille, dont tous les membres parlent français, nous reçut comme des parents et des amis; il faut avoir usé de l'hospitalité de l'Orient pour savoir combien elle est bonne et gracieuse; M. Zayat est un grec-uni. Les conférences de Damas sont au nombre de quatre et comptent quatre cent quarante membres, actifs et honoraires, visitant cent cinquante-trois familles.

A Damas, les lazaristes ont des écoles florissantes réunissant deux cent trente enfants ; les sœurs du pays, établies par les pères jésuites, en ont cent vingt, et les sœurs de Saint-Vincent-de-Paul en comptent six cents ; à leur école et à leur ouvroir se pressent les jeunes filles de toute religion, de toute race et de toute couleur. Les grecs, les maronites, les pères de Terre-Sainte, ont aussi des communautés. Tous les catholiques se font remarquer par leur zèle et leur régularité.

A mon retour de Damas à Beyrouth, je passai à Zaleh, l'une des plus jolies villes du Liban, mais je n'y suis resté qu'une heure, juste le temps de visiter le magnifique collège des pères jésuites.

De Beyrouth à Smyrne je n'ai vu qu'un seul établissement scolaire, celui des sœurs de Saint-Vincent-de-Paul de Tripoli. Ces bonnes sœurs, isolées dans un monde où manque presque complètement l'élément européen, rendent d'immenses services à cette population, pour la plus grande portion musulmane et schismatique. Elles ont trois cents élèves externes et quarante orphelines, pensionnaires gratuites, et en plus vingt pensionnaires payantes. Une classe ouverte aux petites montagnardes qui passent l'hiver à Tripoli compte plus de cent trente enfants, dont une centaine sont nourries à l'école. Les bonnes sœurs construisent en ce moment une filature de soie qui leur permettra de donner de l'ouvrage à leurs orphelines, et d'en recevoir un plus grand nombre.

A notre premier passage à Smyrne nous fîmes une première visite aux sœurs de Saint-Vincent, qui nous ont fait voir leur école contenant trois cent cinquante enfants ; mais nous eûmes le regret de ne pouvoir visiter leur maison de Saint-Joseph, où sont employés soixante-dix orphelins aux travaux des champs ou du jardinage. Je n'ai pu non plus visiter les établissements des frères des Écoles chrétiennes, réunissant plus de cinq cents enfants, et le collège de la Propagande, dirigé par les lazaristes, comptant soixante-quinze élèves. Il ne me fut pas possible non plus de me rendre à l'hôpital français, desservi par les sœurs de Saint-Vincent-de-Paul, et où se trouvaient encore une quarantaine des victimes des tremblements de terre de Chio.

A Constantinople j'ai pu voir, avec M. le docteur Dauchez, l'hôpital français de Péra, tenu par les sœurs de Saint-Vincent-de-Paul ; la vénérée supérieure le dirige depuis trente-six ans, et la tenue de cette maison ne laisse rien à désirer ; mais les constructions sont vieilles, mal distribuées ; l'emplacement est beau et vaste, et on pourrait y construire un bel établissement. Une école réunissant quatre cents jeunes filles est jointe à cet hôpital ; mais elle est aussi mal distribuée et les bâtiments en aussi mauvais état. Il est bien à désirer que le gouvernement français rase le tout et reconstruise hôpital et école comme ceux qu'ont élevés les Anglais, les Russes et les Allemands.

Les écoles des sœurs de Saint-Vincent à Constantinople comptent onze cents enfants ; les frères des Écoles chrétiennes en ont cinq cent cinquante-cinq ; le collège des lazaristes a quatre-vingts jeunes gens et celui des pères jésuites cent cinquante. Malheureusement il y a probablement bien d'autres établissements que je ne connais pas ; il existe, entre autres, sur la route qui conduit de Constantinople aux Eaux-Douces d'Europe, un second hôpital, dirigé par les sœurs de Saint-Vincent-de-Paul, et que je n'ai pas eu le temps d'aller voir.

En revenant de Constantinople en France, je me suis arrêté quelques jours à Athènes ; je n'y ai rencontré qu'une seule école, tenue par nos sœurs de Saint-Joseph-de-l'Apparition; l'intolérance du gouvernement grec nuit beaucoup au développement de leur œuvre, ainsi que le petit nombre des catholiques, on en compte quatre mille à peine; à Athènes, malgré ces obstacles, quarante pensionnaires payantes et cent cinquante enfants pauvres suivent les cours de l'école; ni les frères des Écoles chrétiennes, ni aucune de nos autres congrégations enseignantes n'ont d'école de garçons à Athènes ni au Pirée.

En voyant à l'œuvre les religieuses et les religieux français, le cœur s'écrie : Vive la France! et l'âme espère que l'on écrira encore : *Gesta Dei per Francos.*

Peut-être trouvera-t-on cette expression bien solennelle appliquée aux efforts de quelques humbles servantes de Dieu, de quelques pauvres religieux qui tous sont bien loin de croire qu'ils font rien d'héroïque en sacrifiant tout, position, famille, patrie, pour gagner quelques âmes à Dieu. C'est qu'on ne sait pas que leur sacrifice n'est pas d'un jour seulement, mais de toute leur vie. J'ai rencontré à Alexandrie, à Beyrouth, à Damas, à Constantinople, des frères et des sœurs qui depuis plus de vingt, de trente années, n'ont pas revu la France, qui ne la reverront probablement jamais, et qui, durant tout ce temps, ont supporté sans se plaindre, courageusement, joyeusement, les privations, les maladies causées par le climat, les persécutions et les massacres qui, comme en 1860, ont amené la mort d'un grand nombre d'entre eux. Aussi Dieu récompense-t-il leurs efforts, et ce n'est pas quelques centaines, mais près de quarante mille enfants que cette armée pacifique élève annuellement dans l'amour de Dieu et de la France.

Si jamais l'Orient doit être régénéré, il le sera par

nos écoles; et pour conclure, je vous dirai en vous quittant le mot de Fuad-Pacha à un de nos consuls de Syrie, après les événements de 1860 : « Je ne crains pas les quarante mille baïonnettes que vous avez à Damas. Je crains les soixante robes que voilà. » Il lui montrait des jésuites, des lazaristes et des franciscains. « Pourquoi? lui demanda le consul. — Parce que ces soixante robes font germer la France dans ce pays. »

Et pour vous remercier, Messieurs, d'avoir bien voulu me prêter votre attention, je vous souhaite le désir et la possibilité d'accomplir le pèlerinage de ces contrées sanctifiées par la vie et la mort de Notre-Seigneur Jésus-Christ. L'âme en ressent une impression ineffaçable, qui fait oublier toute fatigue et dont elle bénit Dieu à jamais.

Nota. — J'ai oublié, à mon grand regret, de mentionner que dans les établissements dirigés par les pères franciscains et par les sœurs de Saint-Vincent, et aussi dans bon nombre de ceux fondés par les autres ordres catholiques en Orient, il existe des dispensaires qui, chaque jour, donnent des consultations, distribuent des médicaments et pansent les plaies, le tout gratuitement, ainsi que j'ai pu non-seulement le voir, mais l'expérimenter moi-même à Jérusalem et à Damas.